# ABRÉGÉ
# DE GÉOGRAPHIE.

SIMPLES LEÇONS

RECUEILLIES

**POUR LES ÉCOLES PRIMAIRES,**

Par un Inspecteur gratuit du canton de Pange.

ET RECOMMANDÉES PAR LES COMITÉS SUPÉRIEURS DE BRIEY, METZ, THIONVILLE ET SARREGUEMINES,

Pour l'enseignement des premières notions de Géographie dans les écoles primaires.

SECONDE ÉDITION; CART., 50 CENT.

## METZ.

A LA LIBRAIRIE DE M<sup>me</sup> V<sup>e</sup> DEVILLY, RUE DU PETIT-PARIS, 8.

IMPRIMERIE DE S. LAMORT, LITHOGRAPHIE DE DUPUY.

1842.

## LA MAPPEMONDE.

La Géographie est la science qui décrit la surface de la *Terre*, autrement dite le *globe terrestre*.

— Pour étudier la géographie, on se sert d'un *globe*, ou d'une *mappemonde*, et de *cartes*.

Un *globe* figure la terre dans sa forme ronde. A défaut de globe, on emploie la *mappemonde* qui représente les deux parties d'un globe coupé exactement par le milieu, chacune de ces moitiés étant assise sur la partie coupée. Les *cartes* servent à représenter en détail les diverses contrées de la terre.

— Pour indiquer la position des différents lieux les uns à l'égard des autres, on a imaginé quatre points nommés POINTS CARDINAUX, et qui sont : 1° le *Levant* (que l'on appelle aussi *Est*, E, ou *Orient*); 2° le *Couchant* (*Ouest*, O, ou *Occident*); 3° le *Nord* (N, ou *Septentrion*); 4° le *Midi* (ou *Sud*, S).

Le *levant* est le point où le Soleil paraît se lever. On reconnaît les autres points cardinaux en se tournant vers le levant : on a alors le couchant derrière soi, le midi à droite et le nord à gauche.

On appelle *Nord-Est*, N-E, le point-milieu entre le Nord et l'Est; *Sud-Est*, S-E, le point-milieu entre le Sud et l'Est; *Nord-Ouest*, N-O, le point-milieu entre le Nord et l'Ouest; *Sud-Ouest*, S-O, le point-milieu entre le Sud et l'Ouest.

Le globe terrestre a 9 000 lieues de tour ou circonférence; sa surface est d'environ 6 750 000 lieues carrées. Les *terres* n'en occupent que les deux cinquièmes; le reste est occupé par les eaux, dont la majeure partie forme les immenses bassins appelés *mers*.

— On divise les terres en cinq grandes parties : 1° l'EUROPE, 2° l'ASIE, 3° l'AFRIQUE; ces trois parties composent le *monde ancien*; 4° l'AMÉRIQUE, découverte en 1492, et connue sous le nom de *Nouveau-Monde*; 5° l'OCÉANIE, ou *monde maritime*, formée de la *Nouvelle-Hollande* et des groupes d'îles épars dans la mer qui entoure la Nouvelle-Hollande.

— Sous le nom général de *mers*, on comprend l'OCÉAN et les MERS INTÉRIEURES.

L'OCÉAN est l'immense étendue de mer qui embrasse les terres; il se partage en cinq parties : 1° l'*Océan glacial du Nord*; 2° l'*Océan glacial du Sud*; 3° l'*Océan Atlantique*, qui sépare l'Europe et l'Afrique de l'Amérique; 4° l'*Océan Indien*, au sud de l'Asie, à l'est de l'Afrique et à l'ouest de l'Océanie; 5° le *Grand Océan*, appelé aussi *Océan Pacifique*, ou *mer du Sud*, à l'est de l'Asie et à l'ouest de l'Amérique; il couvre sans interruption la moitié du globe. (*Voyez la mappemonde.*)

LES MERS INTÉRIEURES sont des parties d'Océan qui entrent très-avant dans les terres. Telles sont en Europe : la *mer du Nord*, la *mer Baltique* et la *mer de la Manche*, dans l'Océan Atlantique. (*V. la carte d'Europe.*)

— La POPULATION de la terre est évaluée à 738 millions d'habitants, savoir : L'Europe, 228 millions. L'Asie, 390 millions. L'Afrique, 60 millions. L'Amérique, 40 millions. L'Océanie, 20 millions.

### DÉFINITIONS

DE DIFFÉRENTS TERMES DE GÉOGRAPHIE.

(*Voyez plus loin, en face de la carte muette d'EUROPE.*)

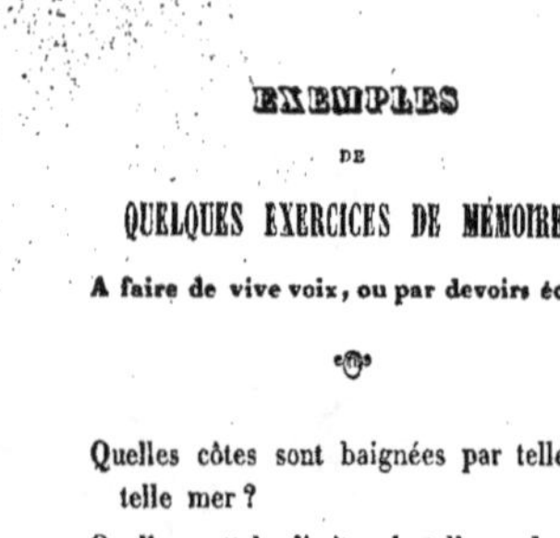



Quelles côtes sont baignées par telle ou telle mer ?

Quelles sont les limites de telle ou de telle contrée, au Nord, au Sud, à l'Est, à l'Ouest ?

Quelles contrées, quelles villes sont traversées par tel ou tel fleuve ?

Sur quel fleuve, ou sur quelle mer est située telle ou telle ville ?

A quelle contrée appartient telle ou telle ville, tel ou tel fleuve, telles ou telles montagnes, etc., etc. ?

Quelles contrées sont ou au Nord, ou au Sud, ou à l'Est, ou à l'Ouest de telle partie du monde ?

Dans quelle direction, du Nord, du Sud, de l'Est, de l'Ouest, coule tel ou tel fleuve, telle ou telle rivière ?

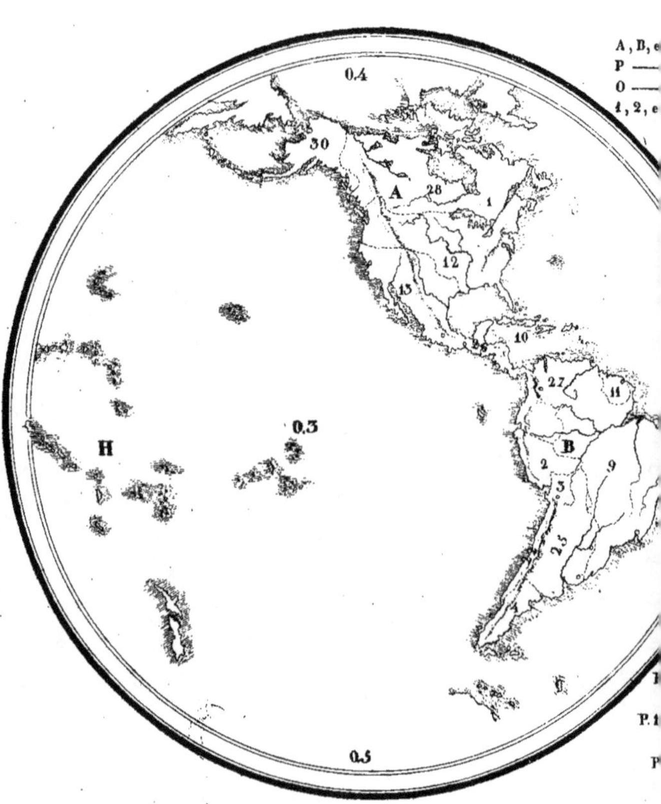

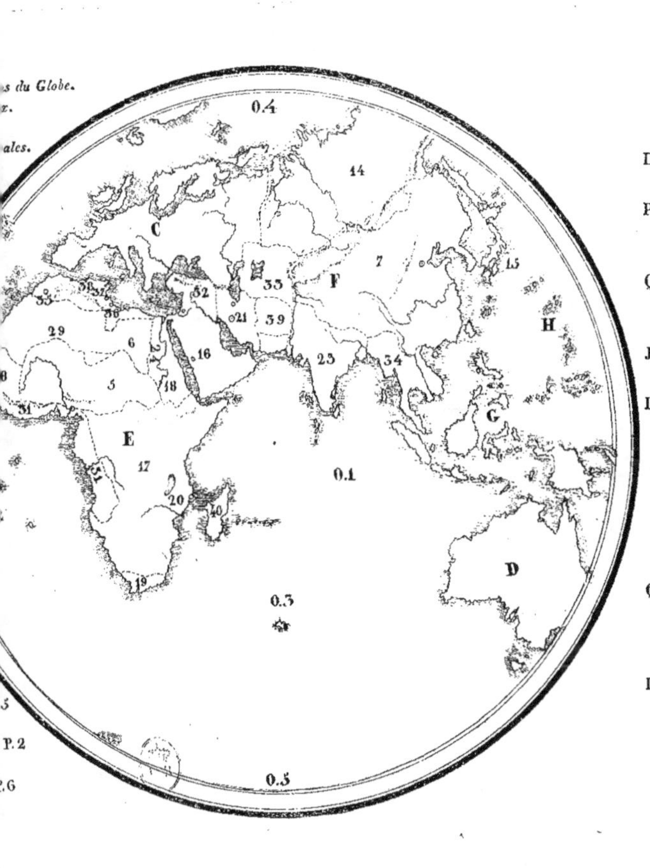



Dans quelle direction s'étend telle ou telle
chaîne de montagnes?

Par quelles eaux pourrait-on se rendre de
tel point à tel autre, et quelles côtes
longerait-on?

Quelles contrées et quelles villes traverse-
rait-on, en se rendant, par terre, de
tel à tel point?

Joindre telle mer à telle mer, par tel ou
tel fleuve, et par un canal.

Indiquez les contrées, les départements,
les cantons limitrophes de telle ou telle
contrée, de tel ou tel département, de
tel ou tel canton.

## CARTES MUETTES.

Quelle mer, quelle contrée, quel fleuve,
quel détroit, etc., etc., est représenté
sur la carte muette par telle ou telle
lettre et tel numéro?

Indiquer par le numéro, telle ou telle mer,
telle ou telle contrée, tel ou tel fleuve,
etc., etc.

## AMÉRIQUE.

### (Septentrionale.)

CONTRÉES PRINCIPALES : L'Amérique russe. — La nouvelle Bretagne, comprenant le Canada. — Les Etats-Unis ; v. pr. : *Washington, New-Yorck.* — Le Mexique ; capit. : *Mexico.* — Le Guatimala. — Les îles des Antilles.

### (Méridionale.)

CONTRÉES PRINCIPALES : La Colombie. — La Guyane, divisée en Guyane anglaise, Guyane hollandaise, Guyane française. — Le Brésil ; capit. : *Rio-Janeyro.* — Le Pérou. — Le Haut-Pérou. — Le Chili. — La Plata ; v. pr. : *Buenos-Ayres.* — La Patagonie.

### OCÉANIE.

On divise l'Océanie en trois parties : 1º L'AUSTRALIE, comprenant la *Nouvelle-Hollande* et quelques autres îles. 2º La MALAISIE, groupe d'îles placées entre l'Asie et la Nouvelle-Hollande. 3º La POLYNÉSIE, groupes d'îles dans le Grand Océan, à l'est de l'Australie.

## ASIE.

*CONTRÉES PRINCIPALES :* **La** Sibérie ou Russie d'Asie; capitale : *Tobolsk.* — Le Turkestan ou Tartarie indépendante; ville principale : *Boukhara.* — **La** Perse; v. pr. : *Teheran, Ispahan.* — La Turquie d'Asie; v. pr. : *Smyrne, Jérusalem, Bagdad.* — L'Arabie; v. pr. : *La Mecque.* — L'Afghanistan. — L'Indoustan; v. pr. : *Calcutta, Pondichéry.* — L'Indo-Chine. — La Chine; capit. : *Pécking.* — Le Japon; capit. : *Jédo.*

## AFRIQUE.

*CONTRÉES PRINCIPALES :* **La** côte de Barbarie, comprenant les royaumes de Maroc, de Tunis, de Tripoli et la colonie d'Alger. — L'Egypte; capit. : *le Caire.* — La Nubie. — Le désert de Libye. — Le Soudan ou la Nigritie. — Sahara ou Grand Désert. — La Sénégambie. — Les Guinée. — La Cafrerie ou Pays inconnu. — Le Mozambique. — Le gouvernement du Cap de Bonne-Espérance.——————— L'île de Madagascar.

## DE L'EUROPE.

Quoique l'Europe soit la plus petite des cinq parties du monde, elle en est sans contredit la première, par l'industrie et la civilisation de ses habitants; elle est le centre des arts, des sciences, des belles-lettres et du commerce. Son terroir, naturellement fertile, offre à l'agriculture des ressources habilement exploitées, et le sein de la terre y fournit à l'industrie les utiles productions du règne minéral.

## DE L'ASIE.

L'Asie est remarquable, soit par son étendue, soit par le nombre de ses habitants, soit par l'importance de ses souvenirs historiques. Les traditions ont placé en Asie le berceau du genre humain; c'est de là que, par les enfants de Noé, sont sorties, selon la Bible, toutes les colonies qui ont peuplé la terre; c'est en Asie que se sont opérés les mystères de la religion chrétienne, par la naissance et la mort du Christ; enfin c'est de là que nous sont venus les arts, les sciences, et les principales religions. Aujourd'hui la civilisation de l'Asie est très-inférieure à celle de l'Europe; mais quelques-unes de ses contrées alimentent un commerce immense qui exploite la richesse et l'abondance de leurs productions naturelles.

Possessions françaises en asie. — Quelques parties de l'Idoustan formant ensemble un gouvernement dont le chef-lieu est *Pondichéry*.

## DE L'AFRIQUE.

Quoique depuis trois siècles, nos vaisseaux fassent le tour de l'Afrique et que quelques voyageurs, à travers mille dangers, aient pénétré dans l'intérieur de cette mystérieuse partie du monde, on est encore bien éloigné de la connaître tout entière. Le terroir de l'Afrique est fertile sur les côtes; mais les contrées centrales sont sablonneuses, privées d'eau, pleines de montagnes et de forêts, peuplées d'animaux très-dangereux, et parsemées de vastes déserts, brûlants et presqu'inhabitables.

La plupart des peuples d'Afrique sont noirs, les autres sont fort basanés. Les uns habitent dans des villes, les autres sous des tentes, d'autres vivent à l'état de sauvages. Cependant on trouve sur quelques côtes, et surtout en Egypte, un commencement de civilisation.

L'île *Sainte-Hélène* où Napoléon mourut prisonnier des Anglais, est une des îles de l'Afrique.

Possessions françaises en afrique. — Dans la Sénégambie, plusieurs îles dont la principale est *Saint-Louis*. — Dans l'Océan indien, l'*île Bourbon*, et l'*île Sainte-Marie*. — Sur la côte de Barbarie, la *colonie d'Alger*.

## DE L'AMÉRIQUE.

Ce fut en 1492, que l'immortel Christophe Colomb, guidé par des présomptions ingénieuses, favorisé par un heureux hasard, et soutenu par un héroïque courage, réalisa l'importante découverte de cette seconde moitié du globe. — Les limites au nord de l'Amérique n'ont pas encore pu être fixées, les glaces et les tempêtes s'étant constamment opposées aux efforts que d'intrépides voyageurs ont faits pour s'en assurer.

Du nord au sud de l'Amérique, on trouve la réunion de tous les climats et de toutes les productions des autres contrées du globe. Cette vaste partie du monde contribue utilement à la puissance et à la richesse de l'Europe. Plusieurs nations européennes, et notamment les Anglais, y ont créé d'importants établissements; mais presque toutes les colonies européennes se sont constituées depuis en états indépendants. C'est ainsi que vers la fin du dernier siècle, des possessions anglaises, établies dans l'Amérique septentrionale, secouèrent le joug de la domination anglaise, et formèrent la république des Etats-Unis.

Les Etats-Unis sont aujourd'hui la première puissance du Nouveau-Monde. Riche par son commerce, éclairée par les sciences, puissante par l'entreprenante activité de son gouvernement, cette nation est à la tête de la civilisation qui marche rapidement d'un bout à l'autre de l'Amérique.

Possessions françaises en amérique. — La *Martinique*, la *Guadeloupe*, dans les Antilles, et quelques autres petites îles; la Guyane française dont le chef-lieu est *Cayenne*.

## DE L'OCÉANIE.

Les Européens en formant des établissements commerciaux dans la plupart des îles qui appartiennent à l'Océanie, en ont quelque peu policé les habitants. Les côtes de la Nouvelle-Hollande sont aussi exploitées par des colonies européennes; mais l'intérieur de cette partie considérable de l'Océanie est habité par des hommes qui sont au premier degré de l'état sauvage. Ils poussent la férocité jusqu'à dévorer leurs prisonniers; ils restent absolument nus; leur figure est hideuse; leur teint est rougeâtre, noir ou cuivré, et ils se barbouillent le visage de blanc et de rouge. Ils habitent dans de misérables cabanes d'écorce; chasseurs et pêcheurs, ils n'exploitent pas la terre, naturellement riche dans quelques-unes de ces contrées; en un mot leur vie diffère peu de celle des brutes.

## GOUVERNEMENT.

On reconnaît deux formes principales de gouvernement : la forme *républicaine* et la forme *monarchique*.

Les RÉPUBLIQUES sont des gouvernements où, soit le peuple en masse, soit une partie du peuple, nomme pour un certain temps, ceux qui doivent le gouverner, et décide en dernier ressort, diverses questions importantes.

La MONARCHIE est le gouvernement où le pouvoir se trouve entre les mains d'un seul homme et à vie, soit par droit d'élection, soit par droit d'hérédité. — La monarchie est ou *absolue*, ou *limitée*. Elle est *absolue* quand la volonté du prince fait la loi ; elle est *limitée* quand la volonté du prince est contenue par des lois fondamentales ou constitutionnelles. Une monarchie limitée est appelée *représentative*, lorsque la constitution donne au pays le droit d'être représenté par des assemblées dans la confection des lois.

## RELIGIONS.

On divise les religions en deux grandes classes : Le *Monothéisme*, et le *Polythéisme* ou *Paganisme*.

Le MONOTHÉISME reconnaît un seul Dieu. Il offre : 1° le *Christianisme*, qui comprend l'Église catholique romaine, l'Église grecque, les Églises protestantes, et quelques autres sectes telles que les Anabaptistes, les Quakers, les Puritains, etc. ; — 2° le *Judaïsme* ; — 3° le *Mahométisme* ou *Islamisme*, religion fondée par Mahomet, vers l'an 610.

Le POLYTHÉISME admet plusieurs Dieux ; il comprend différents cultes dont les principaux sont : le *Brahmanisme*, qui honore des Dieux subalternes et reconnaît cependant l'existence d'une Divinité suprême ; — le *Boudhisme*, qui paraît avoir beaucoup de rapport avec le Brahmanisme ; — la *religion de Confucius*, philosophe chinois ; — le *Sabéisme*, ou culte des corps célestes ; — le *Fétichisme*, dont le culte grossier s'adresse à des objets inanimés ou à des animaux.

— Évaluation du nombre des sectateurs appartenant aux diverses religions :

| | |
|---|---|
| Christianisme avec toutes ses branches. | 260 millions. |
| Judaïsme. | 4 millions. |
| Mahométisme. | 96 millions. |
| Brahmanisme. | 60 millions. |
| Boudhisme. | 170 millions. |
| Tous les autres cultes. | 118 millions. |

## DÉFINITIONS



Un *continent* est une grande étendue de terre contenant plusieurs pays non séparés par des mers.

Une *île* est une terre moins grande qu'un continent et environnée d'eau de tous côtés.

Une *presqu'île*, ou *péninsule*, est une terre presqu'entièrement entourée d'eau, et qui ne tient au continent que par un côté.

Un *isthme* est une portion étroite de terre qui joint une presqu'île au continent.

Un *cap*, pointe de terre qui s'avance dans la mer.

Un *golfe*, partie de mer qui s'avance dans les terres.

Un *archipel* est une partie de mer parsemée d'îles rapprochées les unes des autres.

Un *détroit*, partie de mer resserrée entre deux terres.

La *côte* est l'extrémité des terres que baigne la mer.

Un *port*, lieu sur une côte, où la mer, s'avançant dans les terres, offre aux vaisseaux un abri contre les tempêtes.

Un *fleuve* est une grande rivière qui va se jeter dans la mer. — L'*embouchure* d'un fleuve est l'endroit où il se jette dans la mer. — L'*affluent* d'un fleuve est une rivière qui se jette dans ce fleuve.

Un *lac* est en grand, ce qu'un étang est en petit ; c'est-à-dire un vaste amas d'eau, au milieu des terres.

Un *canal* est un cours d'eau établi par les travaux de l'homme, pour joindre ensemble deux cours d'eau naturels, dans le but de communiquer d'une mer à l'autre et de faciliter les relations commerciales. (*Voyez la carte muette de France.*)

Une *montagne*, ou un *mont*, est une grande masse de terre et de roche, fort élevée au-dessus du terrain qui l'environne. Lorsque plusieurs montagnes sont liées l'une à l'autre sur une grande étendue de pays, on dit qu'elles forment une *chaîne*. — Un *volcan* est un gouffre qui s'ouvre dans la terre, le plus ordinairement dans une montagne, et d'où il sort de temps en temps des tourbillons de feu et de matières embrasées.

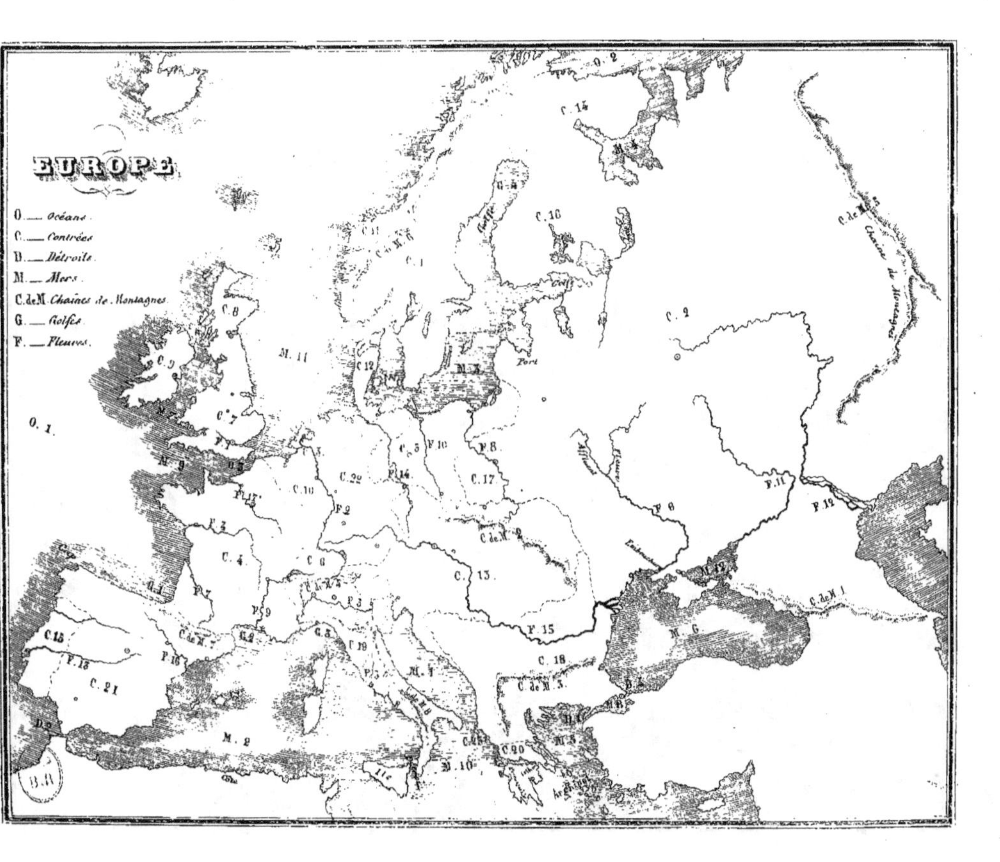

EUROPE
O.___ Océans.
C.___ Contrées.
D.___ Détroits.
M.___ Mers.
C. de M. Chaines de Montagnes.
G.___ Golfes.
F.___ Fleuves.

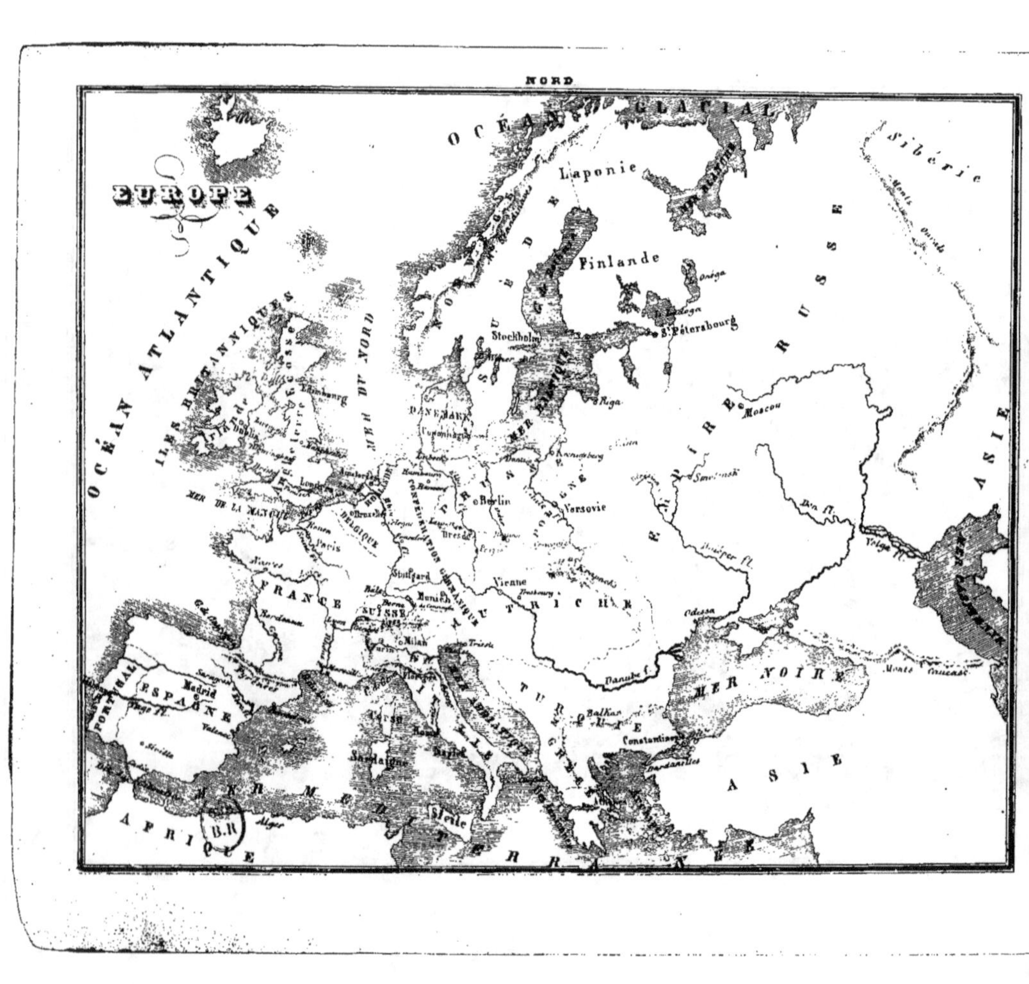

NORD
EUROPE
OCÉAN GLACIAL
Sibérie
Laponie
Finlande
OCÉAN ATLANTIQUE
ÎLES BRITANNIQUES
MER DU NORD
Irlande
Dublin
Londres
Hambourg
DANEMARK
Copenhague
Stockholm
Onéga
Ladoga
St Pétersbourg
Riga
EMPIRE RUSSE
Moscou
Monts Ourals
ASIE
MER DE LA MANCHE
BELGIQUE
Paris
Berlin
PRUSSE
POLOGNE
Varsovie
Kœnigsberg
Dniester
Don fl.
Dnieper fl.
Volga
FRANCE
Bordeaux
Stuttgard
SUISSE
Bâle
Berne
Munich
Vienne
AUTRICHE
Odessa
MER NOIRE
Monts Caucase
Milan
Trieste
Danube f.
TURQUIE
Balkan Mts
Constantinople
Dardanelles
ASIE
PORTUGAL
ESPAGNE
Madrid
Savoie
Corse
Rome
Naples
Sardaigne
ITALIE
MÉDITERRANÉE
Sicile
AFRIQUE
MER MÉDITERRANÉE
Alger
B.R.

# EUROPE.



LIMITES : — *Au nord*, l'Océan Glacial ; *à l'ouest*, l'Océan Atlantique ; *au sud*, la mer Méditerranée et la mer Noire ; *à l'est*, l'Asie et la mer Caspienne.

CONTRÉES PRINCIPALES. — *Au nord :* 1° les Iles Britanniques, comprenant l'Angleterre, l'Ecosse et l'Irlande ; cap. : *Londres.* — 2° Le Danemark ; cap. : *Copenhague.* — 3° La Suède et la Norwége ; cap. : *Stokholm.* — 4° La Russie (comprenant la Pologne, la Finlande, et presque toute la Laponie) ; cap. : *Saint-Pétersbourg.*

*Au centre :* 1° la France ; capit. : *Paris.* — 2° La Hollande ou les Pays-Bas ; cap. : *Amsterdam.* — 3° La Belgique ; capit. : *Bruxelles.* — 4° La Suisse ; villes principales : *Bâle, Genève, Berne.* — 5° La Prusse ; capit. : *Berlin.* — 6° L'Autriche ; capit. : *Vienne.* — 7° L'Allemagne, qui se compose de plusieurs états différents, mais réunis pour la défense de leurs intérêts communs, sous le nom de *Confédération Germanique.* Plusieurs de ces états font partie du Danemark, de la Hollande, de l'Autriche, et de la Prusse. Les autres états de l'Allemagne sont : le Hanovre ; cap. : *Hanovre.* — La Saxe ; cap. : *Dresde.* — Le Wurtemberg ; cap. : *Stuttgard.* — La Bavière ; capit. : *Munich.* — Et vingt-sept duchés ou principautés. — Et les quatre villes libres : *Francfort-sur-le-Mein, Lubeck, Brême, Hambourg.*

*Au sud :* 1° le Portugal ; cap. : *Lisbonne.* — 2° L'Espagne ; capit. : *Madrid.* — 3° L'Italie, qui est divisée aujourd'hui en principautés et royaumes divers, dont les plus importants sont : les Etats Sardes, comprenant le Piémont, la Savoie, le duché de Gênes, et la Sardaigne ; capit. : *Turin.* — Le duché de Milan et les Etats de Venise. — Le grand-duché de Toscane ; cap. : *Florence.* — Les Etats de l'Eglise ; cap. : *Rome.* — Le royaume des Deux-Siciles ; capit. : *Naples.* — 4° La Turquie ou l'empire Ottoman ; capit. : *Constantinople.* — 5° La Grèce ; capit. : *Athènes.* — 6° Les Iles Ioniennes dont le chef-lieu est *Corfou.*

MONTAGNES PRINCIPALES : Les *monts Scandinaves*, en Suède ; les *monts Ourals* et le *Caucase*, qui séparent l'Europe de l'Asie ; les *Alpes*, entre la France, la Suisse et l'Italie ; les *Apennins*, en Italie ; les *Pyrénées*, entre l'Espagne et la France ; les *monts Krapacks*, en Autriche ; les *monts Balkan*, en Turquie. La plus haute montagne de l'Europe est le *Mont-Blanc* (Alpes), dont le sommet est élevé de 4810 mètres au-dessus du niveau de la mer.

MERS INTÉRIEURES : la *mer Blanche*, dans l'Océan Glacial du nord ; la *mer Baltique*, la *mer du Nord* et la *mer de la Manche*, dans l'Océan Atlantique ; la *mer Méditerranée*, au sud de l'Europe ; et dans la Méditerranée, la *mer Adriatique*, la *mer Ionienne*, l'*Archipel grec* et la *mer Noire* (voyez la carte). Ajoutez-y : la *mer d'Irlande*, entre l'Irlande et l'Angleterre ; la *mer de Marmara*, espèce de golfe qui communique de l'Archipel à la mer Noire ; la *mer d'Azof*, autre golfe formé par la mer Noire, au nord de cette mer.

GOLFES PRINCIPAUX : le golfe de *Bothnie*, le golfe de *Gascogne*, le golfe du *Lion*, le golfe de *Gênes*.

DÉTROITS PRINCIPAUX : le *Pas-de-Calais*, entre la France et l'Angleterre ; le détroit de *Gibraltar*, entre l'Espagne et l'Afrique ; le détroit des *Dardanelles*, entre l'Archipel et la mer de Marmara ; le détroit de *Constantinople* entre la mer de Marmara et la mer Noire.

FLEUVES PRINCIPAUX : la *Vistule*, l'*Oder* (se jetant dans la *mer Baltique*) ; l'*Elbe*, le *Rhin*, la *Tamise* (*mer du Nord*) ; la *Seine* (*Manche*) ; la *Loire*, la *Garonne*, le *Tage* (*Océan Atlantique*) ; le *Rhône*, l'*Ebre*, le *Tibre* (*Méditerranée*) ; le *Pô* (*mer Adriatique*) ; le *Danube*, le *Dniéper* (*mer Noire*) ; le *Don* (*mer d'Azof*) ; le *Volga* (*mer Caspienne*).

ILES PRINCIPALES : Les Iles Britanniques, la Sardaigne, la Sicile, la Corse.

PRESQU'ILES PRINCIPALES : La Suède, le Danemark, l'Espagne avec le Portugal, l'Italie.

### PRINCIPAUX ÉTATS.

Les principaux états de l'Europe sont la France, la Russie, l'Angleterre, l'Autriche et la Prusse.

— **La Russie.** La Russie d'Europe a été tirée de la barbarie par Pierre I<sup>er</sup> au commencement du 16<sup>e</sup> siècle. Ce souverain introduisit les sciences et les arts de l'Europe dans ses états où ils font chaque jour de nouveaux progrès.

Le nord de ce pays est peu susceptible de culture, mais on y trouve de bons pâturages ; le milieu de la Russie est fertile et assez bien cultivé ; le sud jouit d'un climat plus doux et offre quelques contrées très-fertiles.

Gouvernement : Monarchie absolue.

Villes principales : *Moscou*, ancienne capitale de la Russie, qu'on appelait aussi *Moscovie*. Prise en 1812 par les Français, en partie brûlée par les Russes, elle est reconstruite plus belle qu'elle n'était auparavant ; *Odessa*, *Riga*, places de commerce fort importantes ; *Varsovie*, ancienne capitale de la Pologne ; *Cracovie*, petite république ; *Vilna* et *Smolensk* sont célèbres dans l'histoire de la guerre des Français en Russie.

Population : 56 000 000 d'habitants.

— **L'Angleterre.** Les Iles Britanniques, grâce à une habile politique, à une marine puissante, et à d'immenses possessions dans toutes les parties du monde, exercent aujourd'hui une grande influence sur les destinées de l'Europe. Quoique les Anglais aient porté l'agriculture à un haut degré de perfection, leur industrie et leur commerce font leur principale richesse.

Gouvernement : Monarchie constitutionnelle et représentative.

Villes principales : En Angleterre : *Birmingham*, *Manchester*, célèbres par leurs manufactures ; *Liverpool*, *Bristol*, ports de commerce très-importants. — *Edimbourg*, capitale de l'Ecosse ; *Dublin*, capitale de l'Irlande.

Population : 25 000 000 d'habitants.

— **L'Autriche.** On partage en quatre grandes parties tous les pays dont l'ensemble forme l'empire d'Autriche, savoir : 1° les *pays allemands*, ou les pays compris dans la Confédération germanique, entr'autres l'archiduché d'Autriche, la Bohême et la Moravie ; 2° les *pays polonais*, partie du ci-devant royaume de Pologne ; 3° les *pays hongrois*, tels que la Hongrie et la Transylvanie ; 4° les *pays italiens*, ou le royaume Lombard-Vénitien.

Depuis le règne de Marie-Thérèse et celui de Joseph II, c'est-à-dire depuis le milieu du dernier siècle, l'industrie, les arts et l'instruction publique ont fait en Autriche des progrès très-remarquables. De nombreux canaux y favorisent aujourd'hui le commerce intérieur.

Gouvernement : Monarchie absolue.

Villes principales : *Prague*, capitale de la Bohême ; *Presbourg*, ancienne capitale de la Hongrie ; *Trieste*, dans l'Illyrie, sur la mer Adriatique, port par lequel l'Autriche fait tout son commerce maritime ; *Milan* et *Venise* dans le royaume Lombard-Vénitien. — La petite ville d'*Austerlitz* et le village de *Wagram* ont donné leur nom aux grandes batailles que les Français y ont gagnées sous l'empereur Napoléon.

Population : 32 000 000 d'habitants.

— **La Prusse.** Par suite des conquêtes des Français en 1806 et 1807, le roi de Prusse avait perdu une grande partie de ses états ; mais les campagnes de 1814 et de 1815 lui ont rendu ce qu'il avait perdu ; et même ses possessions se sont accrues de provinces qu'il n'avait pas auparavant, notamment de la partie de la rive gauche du Rhin, nommée *Prusse rhénane*.

La Prusse se signale par un commerce actif, par quelques branches d'industrie, et par sa puissance militaire, l'une des mieux organisées de l'Europe. L'instruction primaire, généralement répandue, et bien entendue, met ce royaume au nombre de ceux qui se distinguent le plus sous cet important rapport.

Gouvernement : Monarchie limitée.

Villes principales : *Breslau*, sur l'Oder ; *Kœnigsberg*, *Dantzig*, près de la mer Baltique ; *Cologne*, sur le Rhin.

Population : 13 000 000 d'habitants.

### RELIGIONS.

Le *Christianisme*, dans ses formes ou ses sectes diverses, étend sa bienfaisante influence sur toute la surface de l'Europe ; il est professé par la presque totalité de ses nombreux habitants. — L'*église catholique romaine* domine dans les contrées méridionales ; les *églises protestantes*, dans les contrées septentrionales, et l'*église grecque*, dans les contrées orientales.

Le *Judaïsme* est professé par les juifs répandus dans presque tous les états de l'Europe ; le *Mahométisme* domine en Turquie.

# FRANCE

FRANCE
L.2.
L.6.
L.4 L.7. L.3.
L.1.
L.10.
L.5.
L.8.
L.9.
L.11.
Limites
Départements
Montagnes
Fleuves
Rivières

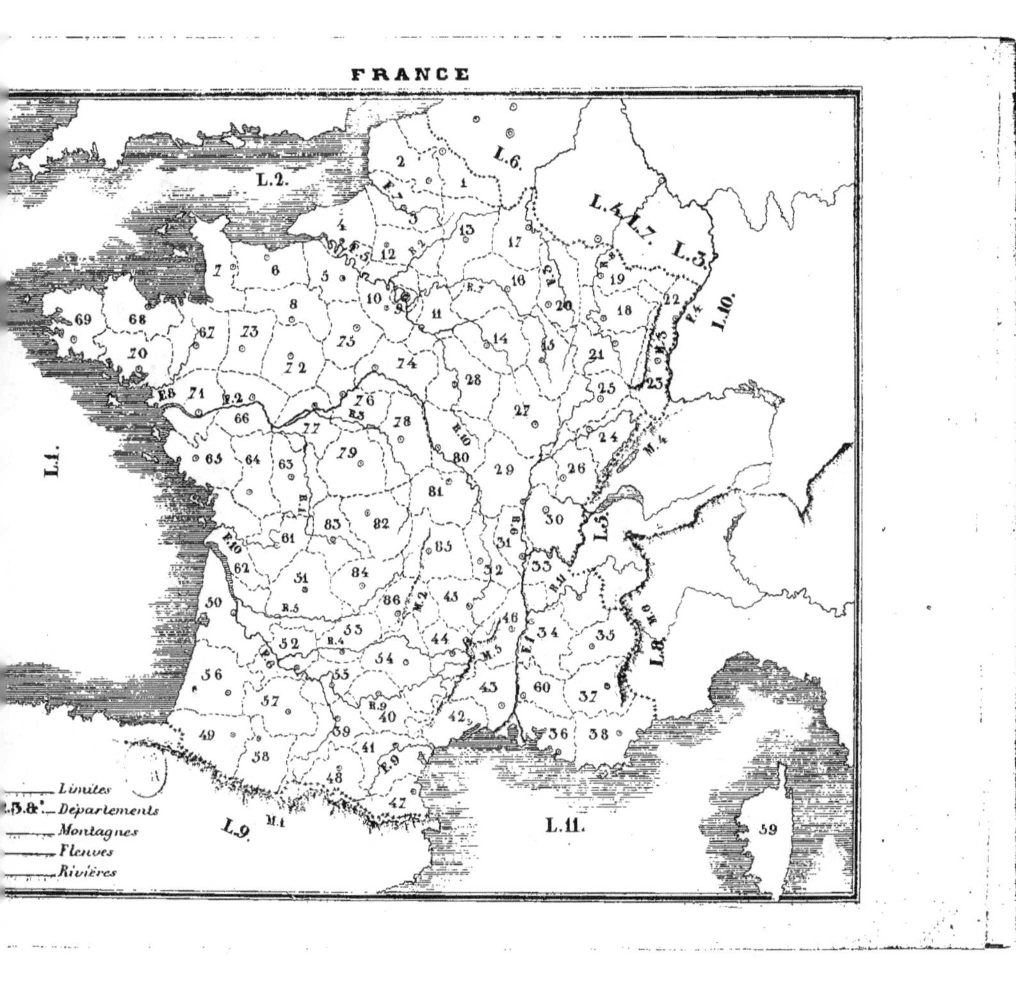

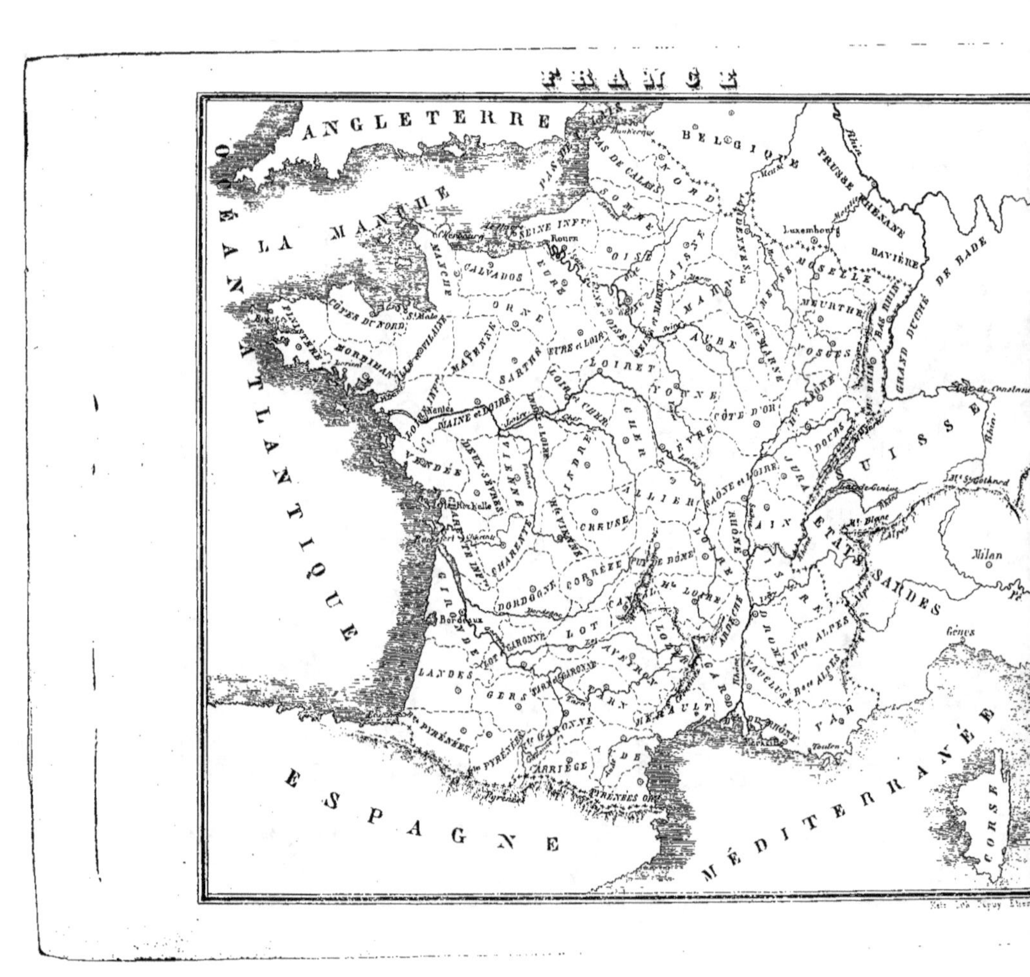

FRANCE
ANGLETERRE
BELGIQUE
PRUSSE RHÉNANE
BAVIÈRE
GRAND DUCHÉ DE BADE
SUISSE
ÉTATS SARDES
ESPAGNE
OCÉAN ATLANTIQUE
LA MANCHE
MÉDITERRANÉE
CORSE

# LA FRANCE.

**Limites :** *Au Nord*, la Manche, la Belgique, le Luxembourg (Hollande), la Prusse rhénane, la Bavière rhénane. *A l'Est*, le grand-duché de Bade (Confédération germanique), la Suisse, les Etats Sardes. *Au Sud*, la Méditerranée, les Pyrénées. *A l'Ouest*, l'Océan Atlantique.

**Etendue :** Plus grande longueur, 106 myriamètres ; plus grande largeur, 92 myriamètres.

**Division :** La France, partagée autrefois en trente-trois grandes provinces, est divisée aujourd'hui en quatre-vingt-six départements, qui prennent leurs noms des eaux qui les baignent, des montagnes qu'on y trouve ou de leur situation.

| DÉPARTEMENTS. | CHEFS-LIEUX. | DÉPARTEMENTS. | CHEFS-LIEUX. | DÉPARTEMENTS. | CHEFS-LIEUX. |
|---|---|---|---|---|---|
| **AU NORD.** | | *Isère* | Grenoble. | **A L'OUEST.** | |
| *Manche* | Saint-Lô. | *Hautes-Alpes* | Gap. | | |
| *Orne* | Alençon. | *Drôme* | Valence. | *Finistère* | Quimper. |
| *Calvados* | Caen. | *Rhône* | Lyon. | *Côtes-du-Nord* | Saint-Brieux. |
| *Eure* | Evreux. | *Loire* | Montbrison. | *Morbihan* | Vannes. |
| *Seine-et-Oise* | Versailles. | *Saône-et-Loire* | Mâcon. | *Ille-et-Vilaine* | Rennes. |
| *Seine* | Paris. | | | *Mayenne* | Laval. |
| *Seine-et-Marne* | Melun. | **AU SUD.** | | *Sarthe* | Le Mans. |
| *Oise* | Beauvais. | *Basses-Alpes* | Digne. | *Maine-et-Loire* | Angers. |
| *Seine-Inférieure* | Rouen. | *Var* | Draguignan. | *Loire-Inférieure* | Nantes. |
| *Somme* | Amiens. | *Bouches-du-Rhône* | Marseille. | *Vendée* | Bourbon-Vendée. |
| *Pas-de-Calais* | Arras. | *Vaucluse* | Avignon. | *Deux-Sèvres* | Niort. |
| *Nord* | Lille. | *Ardèche* | Privas. | *Vienne* | Poitiers. |
| *Aisne* | Laon. | *Lozère* | Mende. | *Charente-Inférieure* | La Rochelle. |
| *Ardennes* | Mézières. | *Gard* | Nîmes. | *Charente* | Angoulême. |
| *Marne* | Châlons-sur-Marne | *Hérault* | Montpellier, | | |
| *Aube* | Troyes. | *Aude* | Carcassonne. | **AU CENTRE.** | |
| | | *Pyrénées-Orientales* | Perpignan. | *Loiret* | Orléans. |
| **A L'EST.** | | *Arriège* | Foix. | *Eure-et-Loir* | Chartres. |
| *Meuse* | Bar-le-Duc. | *Haute-Garonne* | Toulouse. | *Loir-et-Cher* | Blois. |
| *Moselle* | Metz. | *Hautes-Pyrénées* | Tarbes. | *Indre-et-Loire* | Tours. |
| *Meurthe* | Nancy. | *Basses-Pyrénées* | Pau. | *Cher* | Bourges. |
| *Bas-Rhin* | Strasbourg. | *Landes* | Mont-de-Marsan. | *Yonne* | Auxerre. |
| *Haut-Rhin* | Colmar. | *Gironde* | Bordeaux. | *Nièvre* | Nevers. |
| *Vosges* | Epinal. | *Dordogne* | Périgueux. | *Allier* | Moulins. |
| *Haute-Marne* | Chaumont. | *Lot* | Cahors. | *Indre* | Châteauroux. |
| *Côte-d'Or* | Dijon. | *Lot-et-Garonne* | Agen. | *Haute-Vienne* | Limoges. |
| *Haute-Saône* | Vesoul. | *Gers* | Auch. | *Creuse* | Guéret. |
| *Doubs* | Besançon. | *Tarn-et-Garonne* | Montauban. | *Corrèze* | Tulle. |
| *Jura* | Lons-le-Saulnier. | *Aveyron* | Rhodez. | *Puy-de-Dôme* | Clermont-Ferrand. |
| *Ain* | Bourg. | *Tarn* | Alby. | *Haute-Loire* | Le Puy. |
| | | *Corse* (île dans la Méditerranée) | Ajaccio. | *Cantal* | Aurillac. |

Population, 34194875 habitants.

Villes principales (*par ordre de population*). Paris, Lyon, Marseille, Bordeaux, Rouen, Nantes, Lille, Toulouse, Strasbourg, Metz, Amiens, Orléans, Nîmes, Caen, Montpellier, Reims (*Marne*), St-Etienne (*Loire*), Avignon, Versailles, Angers, Toulon (*Var*), Clermont-Ferrand, Nancy, Besançon, Rennes, Brest (*Finistère*), Limoges, Montauban, Dunkerque (*Nord*), Le Hàvre (*Seine-Inférieure*), Grenoble, Arras, Tours, Poitiers, Douai.

Montagnes. Les Pyrénées. Les Alpes. Les Cévennes. Les montagnes d'Auvergne. Les Vosges. Le Jura. — La plus haute montagne de France est le *Mont-Maudit* (*Pyrénées*), dont le sommet est élevé de 3482 mètres au-dessus du niveau de la mer.

Fleuves principaux. Le *Rhin*, la *Meuse*, qui se jettent dans la mer du Nord ; la *Seine*, dans la Manche ; la *Loire*, la *Garonne* (la Garonne prend le nom de *Gironde*, en approchant de la mer), dans l'Océan Atlantique ; le *Rhône*, dans la Méditerranée. — On compte encore quinze autres petits fleuves dont les plus importants sont la *Somme*, la *Vilaine*, l'*Aude*, la *Charente*.

Rivières. Plus de six mille rivières tant grandes que petites ; les principales sont : la *Moselle*, affluent du Rhin ; la *Marne*, l'*Yonne*, l'*Oise*, affluents de la Seine ; le *Cher*, la *Vienne*, affluents de la Loire ; le *Tarn*, le *Lot*, la *Dordogne*, affluents de la Garonne ; l'*Isère*, la *Saône*, affluents du Rhône.

Canaux. Soixante-quatre canaux achevés, vingt-huit commencés. Le plus important par sa longueur, parmi ceux qui sont achevés, est le *canal du Rhône au Rhin*, ou le *canal de Monsieur* ; il joint la Méditerranée à la mer du Nord par le Rhône, la Saône, le Doubs et le Rhin.

Ports. Une partie du commerce se fait par les ports dont les principaux sont : Dunkerque, *sur la mer du Nord* ; le Hàvre, Cherbourg, St-Malo, *sur la Manche* ; Brest, Lorient, La Rochelle, Rochefort, Bayonne, *sur l'Océan* ; Marseille, Toulon, *sur la Méditerranée.* — Bordeaux sur la *Garonne*, Nantes sur la *Loire*, Rouen sur la *Seine*, sont par leur proximité de la mer, des ports marchands fort importants.

Produits et revenus. *Produits du règne minéral :* 97 millions de francs. *Grains*, 1 milliard 900 millions. — *Vins*, 800 millions. — *Prairies naturelles*, 700 millions. — *Légumes et fruits*, 262 millions. — *Coupes de bois*, 141 millions. — *Lin*, *chanvre*, 50 millions. — *Animaux domestiques*, plus de 650 millions. — *Fabriques et manufactures*, 1 milliard 400 millions.

Gouvernement. La France est une monarchie constitutionnelle et représentative, fondée sur la charte donnée par Louis XVIII en 1814 et revisée en 1830, après la révolution de juillet. En vertu de cette charte, les lois se font par le concours du roi avec deux *chambres*, l'une *des députés*, choisis par les électeurs, l'autre *des pairs*, nommés par le roi. — Le roi est chargé de faire exécuter les lois.

**Administration :** La haute administration est gérée par les *ministres*. — Chaque *département*, administré par un préfet, est subdivisé en *sous-préfectures* ou *arrondissements*, et chaque arrondissement en *cantons*. Le *conseil général du département*, et les *conseils d'arrondissement*, composés de citoyens élus, délibèrent sur la répartition des impôts et sur les grands intérêts de localité. — Les *communes* sont administrées par des *maires* choisis dans le *conseil municipal*, lequel conseil, formé par élection, assiste et contrôle l'administration communale.

**Justice :** La justice est rendue par des *juges de paix* qui, placés dans chaque canton, connaissent des contraventions de police et de certaines contestations civiles ; — par des *tribunaux de première instance* auxquels sont déférés les délits correctionnels et les procès civils ; — par les *tribunaux de commerce*, pour les affaires commerciales ; — par des *cours royales* qui jugent les appels des tribunaux ; — par des *cours d'assises* où des *Jurés* jugent les crimes emportant des peines plus sévères que les peines correctionnelles ; — enfin par la *cour de cassation*, tribunal suprême investi du droit d'annuler les arrêts ou les jugements, lorsqu'il y a eu violation, ou fausse application des lois.

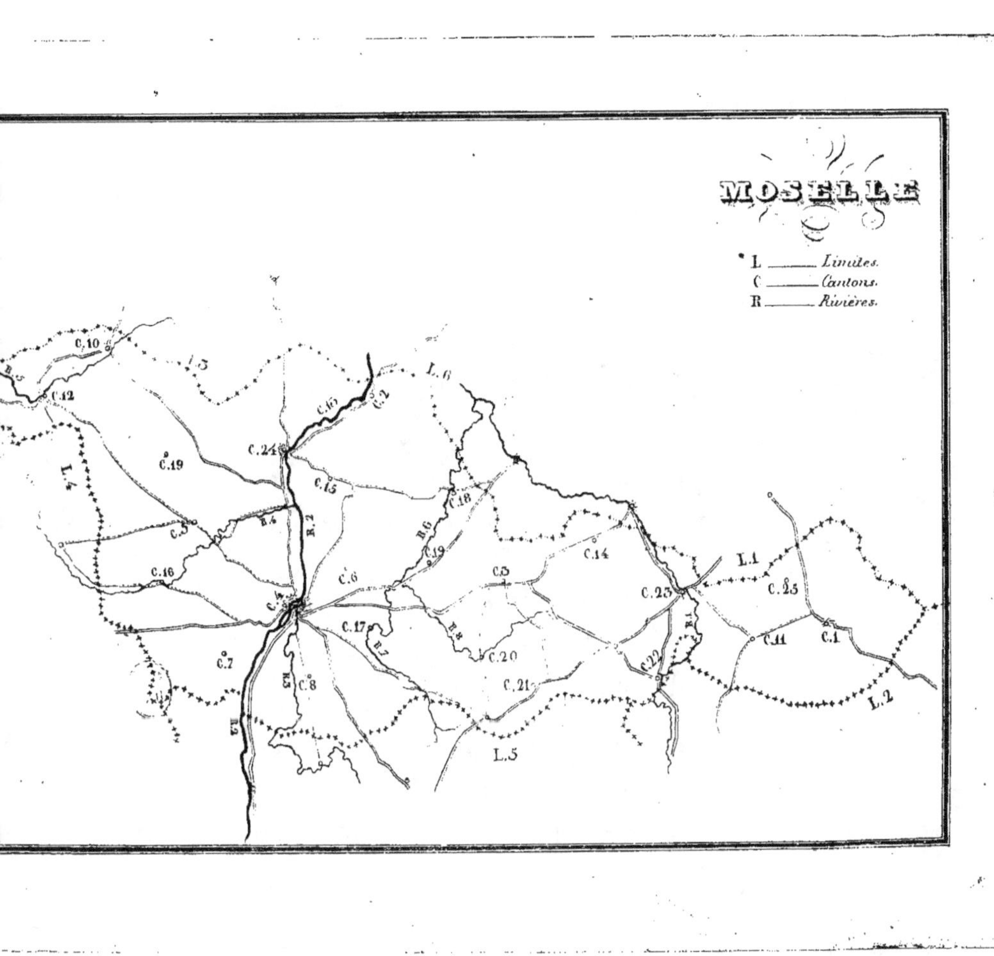

MOSELLE
L ——— Limites.
C ——— Cantons.
R ——— Rivières.
C.10
C.12
L.3
L.6
C.16
C.2
C.19
C.24
C.15
C.18
L.4
R.6
C.5
C.16
R.4
R.2
C.19
C.14
L.1
C.6
C.3
C.25
C.4
C.23
C.17
R.8
C.11
C.1
R.7
C.7
C.22
R.3
C.8
C.20
L.2
C.21
L.5

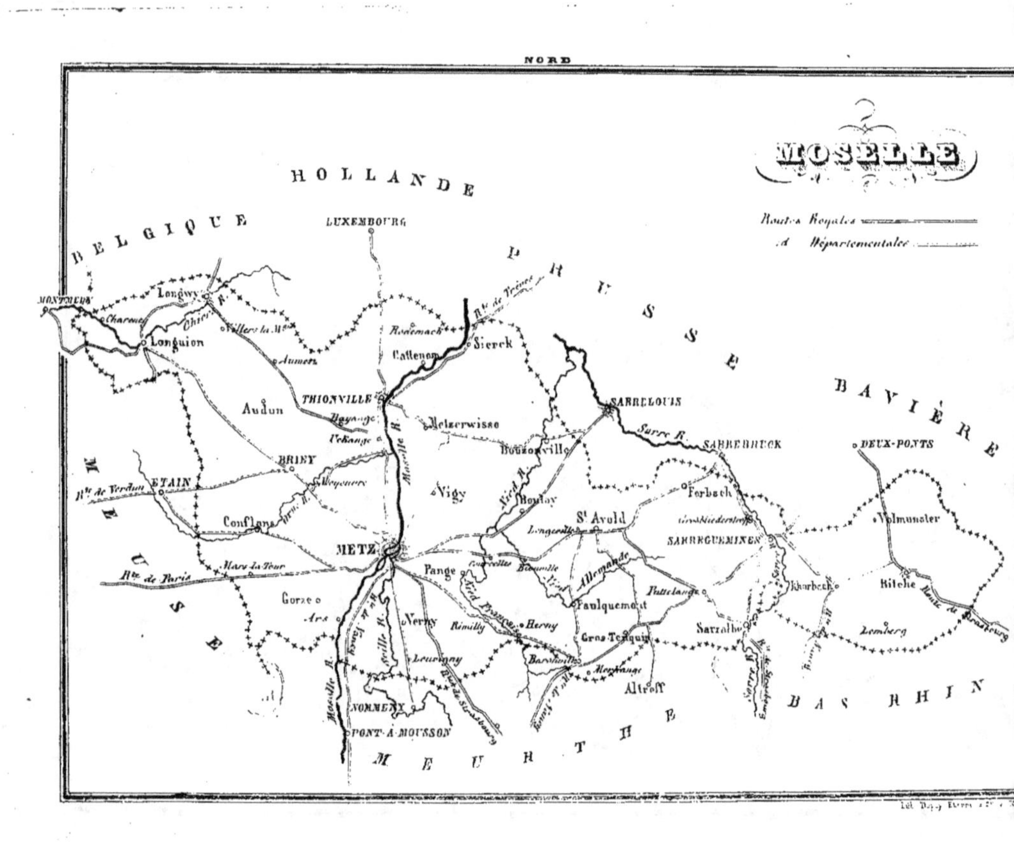

NORD
MOSELLE
Routes Royales
et Départementales
HOLLANDE
BELGIQUE
LUXEMBOURG
PRUSSE
BAVIÈRE
MONTMÉDY
Longwy
Chiers R.
Charency
Villers-la-M.on
Longuion
Aumetz
Rodemach
Cattenom
Sierck
R.te de Trèves
Audun
THIONVILLE
Hayange
l'échange
Metzerwisse
SARRELOUIS
Sarre R.
SARREBRUCK
DEUX-PONTS
BRIEY
Moselle R.
Boussonville
Volmunster
R.te de Verdun
ÉTAIN
Moyeuvre
Orne R.
Nied R.
Vigy
Boulay
St Avold
Forbach
Gros-Biedenstroff
Conflans
Longeville
SARREGUEMINES
METZ
Pange
Courcelles
Bionville
Allemande
Pattelange
Kharbach
Bitche
R.te de Paris
Mars-la-Tour
Nied Française R.
Faulquemont
Route de Strasbourg
Gorze
Ars
Nied Allemande R.
Sarre R.
Nerny
Rimilly
Herny
Sarralbe
Lemberg
Seille R.
Louvigny
Barchville
Gros-Tenquin
Moselle R.
Morhange
NOMMENY
Altroff
BAS RHIN
PONT-A-MOUSSON
MEURTHE
Lith. Dupuy, Paris

# DÉPARTEMENT DE LA MOSELLE.

Le département de la Moselle est formé d'une partie des anciennes provinces de Lorraine, des Trois-Evêchés, et du Barrois, ainsi que de quelques villages du comté de Créhange, du comté de Hanau, et de la principauté de Nassau.

**LIMITES.** *Au nord*, il est borné par la Belgique, le grand-duché de Luxembourg (Hollande), et par le grand-duché du Bas-Rhin (Prusse rhénane); à l'*est*, par le cercle du Rhin (Bavière rhénane); au *sud*, par le département du Bas-Rhin, et celui de la Meurthe; à l'*ouest*, par le département de la Meuse.

**ETENDUE.** Sa plus grande longueur est de 170 kilomètres, sur une largeur très-variable, mais dont le maximum est de 60 kilomètres.

**POPULATION.** 421 258 habitants, recensement de 1841.

**DIVISION ADMINISTRATIVE.** Le département de la Moselle se divise en quatre arrondissements, composés ensemble de vingt-sept cantons et de six cent douze communes.

Arrondissement de Metz; neuf cantons: les cantons de *Boulay*, — *Faulquemont*, — *Gorze*, — *Metz* et banlieue (formant trois cantons), — *Pange*, — *Verny*, — *Vigy*.

Arr. de Briey; cinq cantons: *Audun-le-Roman*, — *Briey*, — *Conflans*, — *Longuion*, — *Longwy*.

Arr. de Sarreguemines; huit cantons: *Bitche*, — *Forbach*, — *Gros-Tenquin*, — *Rhorbach*, — *St-Avold*, — *Sarralbe*, — *Sarreguemines*, — *Volmunster*.

Arr. de Thionville; cinq cantons: *Bouzonville*, — *Cattenom*, — *Metzerwisse*, — *Thionville*, — *Sierck*.

**RIVIÈRES.** — Les principales rivières de ce département sont: la *Moselle*, la *Sarre* et la *Chiers*.

La *Moselle*, qui prend sa source dans les montagnes des Vosges, traverse le département des Vosges, celui de la Meurthe, celui de la Moselle, le pays de Trèves (Prusse), et se jette dans le Rhin à Coblentz.

La *Seille*, qui sort de l'étang de Lindre (Meurthe), traverse le canton de Verny et se perd dans la Moselle à Metz.

L'*Orne*, venant du département de la Meuse, traverse les cantons de Conflans, de Briey, et de Thionville jusqu'à Richemont, où il se jette dans la Moselle.

La *Sarre*, sortie des Vosges, traverse le département de la Meurthe, passe à Sarralbe et à Sarreguemines, où elle quitte la France pour aller se jeter dans la Moselle, au-dessus de Trèves.

La Sarre reçoit à Siersberg (Prusse) la *Nied*, rivière divisée d'abord en deux branches qui, avant leur jonction à Condé-Northen (canton de Boulay), se nomment l'une *Nied française*, l'autre *Nied allemande*.

La *Nied française* prend sa source dans le canton de Delme (Meurthe), et traverse le canton de Pange.

La *Nied allemande* a deux sources: l'une dans le canton de St-Avold, l'autre dans celui de Gros-Tenquin; elle traverse le canton de Faulquemont.

La *Chiers*, qui sort du grand-duché de Luxembourg, baigne les murs de Longwy, traverse Longuion, et va se joindre à la Meuse, dans les Ardennes.

— Après ces rivières, on compte encore les principaux cours d'eau suivants:

Le ru de Mad se jetant dans la Moselle: (cant. de Gorze), — la *Fensche* (cant. d'Audun et cant. de Thionville), — la *Kaner* (cant. de Vigy, et cant. de Metzerwisse).

Dans l'Orne: l'*Iron* (cant. de Conflans), — le ru de Mance, ou *Woigot* (cant. d'Audun et cant. de Briey) — le *Conroi* (cantons d'Audun, de Briey, et de Thionville).

Dans la Sarre: l'*Albe* (cant. de Sarralbe), la *Blise* (cant. de Sarreguemines), — la *Rosselle* (canton de Saint-Avold et de Forbach).

Dans la Chiers: la *Crusne* (cant. d'Audun, de Longwy, et de Longuion), — l'*Othain* (c. de Conflans et de Longuion).

## ARRONDISSEMENT DE METZ.

**Les trois cantons de Metz.** — La ville de Metz, avec quelques villages des environs, forme trois cantons dont elle est chef-lieu. Les communes rurales qui appartiennent à ces cantons sont riches en vignes, en pépinières, en vergers et en jardins maraîchers.

Metz, ville de la Gaule, sous la domination romaine, avait été pillée et incendiée par les barbares, en 451. Sortie de ses ruines, elle passa au pouvoir des Francs sous le règne de Childeric, et elle devint, sous Thierry, fils de Clovis, la capitale du royaume d'Austrasie. En 843, quand, sous Lothaire, fut formé le royaume de Lorraine, Metz en devint la capitale. A la mort de ce prince, les empereurs d'Allemagne et les rois de France tour-à-tour maîtres de la Lorraine, possédèrent Metz, qui vers la fin du dixième siècle fut reconnue *ville libre impériale.* — Ici s'ouvre une période remarquable et dont les Messins conservent le souvenir avec orgueil; c'est celle où leur cité vécut indépendante au dedans sous le protectorat de l'Empire. Cette période eut une durée de 550 ans. A l'époque de l'institution des communes en France, on trouve la république messine organisée dans toute la plénitude de sa liberté. En 1444, Metz avait soutenu avec ses seules forces un siège de trois mois contre les armées réunies du roi de France et du duc de Lorraine; l'avantage était resté à cette ville. En 1552, après avoir ouvert ses portes aux troupes de Henri II, roi de France, Metz eut à soutenir contre l'armée de l'empereur Charles-Quint, forte de cent mille hommes, un siège qui dura soixante-cinq jours; l'empereur fut contraint à la retraite par le duc de Guise qui défendait la place. A dater de son occupation par Henri II, Metz perdit successivement les privilèges d'une ville libre, quoique les rois de France ne s'en fussent déclarés que les protecteurs. En 1648, le traité de Munster reconnut à Louis XIV le droit de souveraineté sur la ville de Metz, et depuis lors, cette ville n'eut d'importance que par sa force militaire et par sa position, au milieu des guerres qui ont eu lieu sur cette frontière de la France.

**Canton de Boulay.** — Ce canton est fertile en blé; il a d'excellentes prairies. Son industrie consiste en filatures, draperies, produits chimiques, cuirs, articles d'acier.

*Boulay* est une ville assez ancienne; elle était entourée de fortes murailles et défendue par un château. Les sires de Boulay furent des seigneurs puissants et les annales messines font mention de plusieurs guerres qui eurent lieu entre les gens de Boulay et ceux de Metz.

**Canton de Faulquemont.** — Ce canton produit du blé en abondance; il a de belles forêts, des étangs et de vastes prairies. Grand commerce de toiles à *Herny.*

La seigneurie de *Faulquemont* appartenait aux évêques de Metz, et elle passa sous la domination des princes de Lorraine, dans le quinzième siècle. Faulquemont était entouré de murailles défendues par de larges fossés, des tours et un château. Les Suédois ruinèrent ces fortifications en 1635.

**Canton de Gorze.** — La moitié des communes de ce canton sont des vignobles; les autres sont de labour. Des papeteries et de nombreux moulins sont établis sur les cours d'eau qui arrosent ce canton.

*Gorze* a été long-temps célèbre par sa riche abbaye fondée en 745 par un évêque de Metz, qui y établit des écoles dont la haute réputation se soutint pendant plusieurs siècles.

Ce bourg était considérable et bien fortifié; il était défendu par un château et même par l'abbaye qui ressemblait à une citadelle; aussi fut-il souvent assiégé et saccagé. Les guerres dont Gorze a été le théâtre ont détruit les monuments et les édifices qui faisaient sa gloire.

**Canton de Pange.** — Ce canton produit beaucoup de froment et d'excellent foin. Il a aussi de beaux bois.

*Anceroille, Courcelles-Chaussy* et *Rémilly,* appartiennent à ce canton: *Anceroille* qui avait une forteresse où l'on mettait une garnison pour défendre le pays contre les incursions des Lorrains; — *Courcelles-Chaussy,* où s'établirent de nombreuses familles protestantes cherchant un refuge contre les persécutions dont leur culte fut l'objet; — *Rémilly,* beau village, dont l'élégant clocher, reconstruit en 1840, est remarqué des voyageurs.

**Canton de Verny.** — Les terres de ce canton sont fertiles et produisent un très-bon blé. Ses prairies, arrosées par la Seille, sont riches.

On conçoit que la position de ce canton a dû le rendre

souvent le théâtre des guerres que la Lorraine et le Barrois firent au pays Messin ; aussi les noms de plusieurs communes de ce canton figurent-ils dans nos chroniques ; nous citerons *Cherizey, Cheminot, Louvigny, Magny, Pontoy, Secourt* et *Solgne.* Presque tous ces villages avaient leur château-fort.

**Canton de Vigy.** — Ce canton, plus élevé que les bassins de la Moselle et de la Seille, est moins fertile qu'eux.

Il y avait à *Vigy* des domaines appartenant à l'abbaye de Saint-Arnould, de Metz. Ce village fut brûlé en 1635, par les Espagnols.

L'église actuelle de *Ste-Barbe*, dans ce canton, bâtie en 1516, a remplacé une chapelle consacrée à Ste-Barbe, patronne du pays Messin ; cette chapelle attira pendant plusieurs siècles de nombreux pèlerins et même plusieurs princes.

En 1536, un régiment allemand vint mettre le feu au village de Sainte-Barbe, força dans l'église les habitants qui s'y étaient réfugiés, et en massacra un grand nombre.

## ARRONDISSEMENT DE BRIEY.

**Canton de Briey.** — Ce canton a de belles forêts et il est fertile en blés. Ses cours d'eau font mouvoir des usines importantes, telles que fabriques de drap, filatures, forges et papeteries.

*Briey* (sous-préfecture et tribunal) est une très-ancienne ville, au haut de laquelle les Romains avaient établi un camp retranché. Ils y avaient fait aboutir trois voies militaires.

Depuis, cette ville a été fortifiée par deux châteaux, une citadelle et une enceinte de murailles. Cette forteresse, assiégée à plusieurs époques, ne fut prise qu'une seule fois ; ce fut en 1475, par le duc de Bourgogne qui l'attaqua à la tête de 40000 hommes.

**Canton d'Audun-le-Roman.** — Ce canton est peuplé d'hommes très-laborieux, sur un sol assez généralement ingrat et montueux, mais riche en bon minerai de fer. Il possède d'importantes fabriques de drap.

**Canton de Conflans.** — Pays de culture et de forêts.

**Canton de Longuion.** — Ce canton produit peu par l'agriculture ; mais il est riche par ses forges, ses fabriques de drap, ses papeteries, et ses mines qui donnent un fer très-renommé.

**Canton de Longwy.** — Ce canton n'est pas plus riche que son voisin le canton de Longuion par le produit de ses terres ; mais il possède aussi de belles forges et des mines importantes.

La ville de *Longwy*, possédée long-temps par des comtes souverains, passa successivement sous diverses dominations, et elle fut enfin cédée à la France, qui créa et fortifia la ville haute. Assiégé en 1815 par un corps de 12000 Prussiens, Longwy se défendit avec un grand courage. La garnison, affaiblie par les maladies et par la désertion, capitula enfin, et lorsqu'elle défila sur les glacis, les assiégeants furent très-étonnés de voir qu'elle se réduisait à 160 hommes.

## ARRONDISSEMENT DE SARREGUEMINES.

**Canton de Sarreguemines.** — Ce canton tire de la culture un médiocre revenu ; mais il a de bonnes prairies sur la Sarre. L'industrie y produit des faïences et des poteries excellentes, des velours, ainsi que des tabatières qui sont l'objet d'un commerce considérable.

*Sarreguemines* (sous-préfecture et tribunal) est bâtie dans une position agréable, sur la Sarre. Cette ville avait aussi son château-fort, et elle fut brûlée en 1380, par le duc de Lorraine, contre lequel les bourgeois s'étaient révoltés pour soutenir leurs priviléges.

Sarreguemines fut souvent vendue, échangée ou engagée par les princes Lorrains.

Lorsqu'en 1793 les Prussiens tentèrent de surprendre le fort de Bitche, ils pénétrèrent aussi jusqu'à Sarreguemines, d'où ils furent repoussés vigoureusement.

**Canton de Bitche.** — Ce canton, situé à l'extrémité de la chaîne des Vosges, est montueux, boisé et très-pauvre ; mais il est vivifié par ses forges et ses verreries.

La ville de *Bitche* est dominée par un fort, construit sur un rocher isolé, et destiné à défendre le défilé des Vosges qui conduit de l'Alsace à Sarreguemines ; 80 pièces de canon peuvent y être placées, et mille hommes suffisent à sa défense.

Le 15 octobre 1793, l'armée prussienne, arrivée devant

riche, était parvenue, à la faveur de la nuit, à enlever les premières sentinèlles et les ouvrages avancés du fort; mais la garnison, quoique très-faible, se défendit avec tant de vivacité et de courage que les assiégeants furent obligés de se retirer après avoir essuyé des pertes considérables. Un généreux citoyen, habitant de la ville au pied du fort, avait mis le feu à sa maison pour enlever à l'ennemi l'avantage que la nuit lui offrait : les flammes de l'incendie rendirent plus sûrs les coups de la défense contre l'attaque.

**CANTON DE FORBACH.** — Ce canton, dont le terroir offre de faibles ressources à la culture, possède des mines de houille dont l'exploitation a peu produit jusqu'aujourd'hui. Sa principale industrie consiste dans la fabrication du verre. — La douane de *Forbach* est importante.

**CANTON DE GROS-TENQUIN.** — Ce canton, dans lequel se trouve la petite ville de *Morhange*, est absolument agricole, très-productif de froment. Il a plusieurs étangs et de grandes forêts.

**CANTON DE RHOBBACH.** — C'est un pays très-pauvre et sans industrie. Sans la ressource des pommes de terre, les habitants n'y pourraient vivre.

**CANTON DE SAINT-AVOLD.** — Le sol est peu fertile dans ce canton; on y cultive surtout la pomme de terre pour en tirer de l'eau-de-vie. On y a trouvé une mine de plomb et une mine de cuivre, mais si peu riches qu'elles ne méritent pas d'être exploitées.

On a souvent découvert dans les environs de *Saint-Avold* et dans le canton de Gros-Tenquin, différents vestiges d'antiquités romaines.

**CANTON DE SARRALBE.** — Plusieurs communes de ce canton sont riches par leur culture, d'autres par leurs prairies; l'industrie des toiles est un moyen d'aisance pour quelques autres. *Sarralbe* est connu par ses salines, ses tanneries, sa fabrique d'acier, et *Puttelange* par une manufacture de tissus de soie justement renommés.

**CANTON DE VOLMUNSTER.** — Il est peu de cantons plus pauvres que celui-là; le pays est couvert de vastes forêts.



**CANTON DE THIONVILLE.** — Ce canton, dont le territoire est fertile en bons vins, et en grains excellents, est aussi fort industrieux; en y trouve des brasseries, des tanneries, des sucreries, des filatures et des forges.

*THIONVILLE* (sous-préfecture et tribunal) fut un château royal qu'habitèrent momentanément des rois de France. Il appartint à des princes particuliers, puis à l'Allemagne, et enfin à l'Espagne. Enlevé aux Espagnols, par le prince de Condé, en 1643, Thionville passa aux mains de la puissance française. Cette ville est aujourd'hui une place de guerre fort importante, devenue célèbre par le courage avec lequel les habitants et la garnison repoussèrent en 1792 l'armée autrichienne, qui assiégeait la place.

**CANTON DE BOUZONVILLE.** — C'est un canton agricole; il a des côtes boisées, de belles prairies, des verreries et des forges.

**CANTON DE CATTENOM.** — La partie de ce territoire que traverse la Moselle est la plus fertile du département. La partie supérieure est très-boisée. Ce canton produit en abondance du chanvre d'excellente qualité; et il contient de belles forges.

C'est dans ce canton qu'est situé le bourg de *Rodemach* dont le nom revient souvent dans nos vieilles annales. — Rodemach a vu, en 1815, les ruines de son château-fort vaillamment défendues par tous ses habitants, hommes et femmes, contre trois mille ennemis.

**CANTON DE METZERWISSE.** — L'agriculture est l'unique occupation des habitants de ce canton qui est cependant moins fertile que celui de Cattenom, son voisin.

**CANTON DE SIERCK.** — Le sol, dans ce petit canton, est montueux, assez ingrat, et d'un aspect sauvage. On trouve à *Sierck* des tanneries renommées. Cette ville, bureau de douane, est l'un des points importants de la frontière sous le rapport commercial.

FIN.

www.ingramcontent.com/pod-product-compliance
Lightning Source LLC
Chambersburg PA
CBHW061803060726
47597CB00007B/3091